前島 誠

旧約聖書ものがたり

玉川学園こどもの本

玉川大学出版部

ヨセフの　ゆめうらない

もくじ

せかいの　はじまり　7
さいしょの　にんげん　9
かみさまに　そむいた　アダム　11
ノアの　はこぶね　15
アブラハムと　イサク　19
ヤコブと　エサウ　23
ヨセフ、エジプトに　うられる　31
ヨセフの　ゆめうらない　35

ヨセフの　しゅっせ　38
ヤコブのかぞく　エジプトへ　42
モーセの　たんじょう　50
モーセの　けっしん　55
王さまとモーセ　58
エジプトを出る　イスラエル人　62
さばくをたびする　イスラエル人　65
やくそくの国　カナン　70
サムソンとデリラ　74
ダビデとゴリアテ　80
サウル王とダビデ　84

ダビデ王と　王子アブサロム　90
ソロモン王のちえ　94
エステルのゆうき　98

装画・鈴木悠子
本文さし絵・佐藤和男
装幀・海野幸裕デザイン事務所

旧約聖書ものがたり

せかいの　はじまり

むかし《昔》　むかし、ちきゅう《地球》も、たいよう《太陽》も、月も、星《ほし》も、なにひとつ　なかったころの　ことでした。かみさま《神様》は　せかい《世界》を　おつくりになろうと　なさいました。はじめに　かみさまは「光《ひかり》よ、出てこい。」と　おっしゃいました。すると　光《ひかり》がさしてきて、せかいは　明《あか》るく　なりました。せかいの　さいしょの日は、こうしてはじまったのです。

二日めに、かみさまは　大空《おおぞら》を　お作《つく》りになりました。

三日め、かみさまは「水よ、ひとところにあつまれ《集》。」と　おっしゃいました。すると　水は　そのとおりになり、かわいた地《じ》めんが　あらわれました。海《うみ》と　りくとが　できたのです。かみさまは　りくの上に　みどりの草《くさ》と　木を　つくり《作》、花やみ《実》が　なるように　なさいました。

四日め、かみさまは、たいようと　月と　たくさんの星《ほし》を　おつくりになりました。そこで　せかいは、ひる《昼》と夜《よる》に　わかれました。

五日めに、かみさまは、水にすむ《住》　さかな《魚》と　空にすむ　鳥《とり》を　おつくりになりました。

六日めになると、かみさまは、りくにすむ　たくさんの　どうぶつ《動物》を　おつくりになりました。そうして　いちばん　おしまいに、にんげん《人間》を　ごじぶん《自分》ににせて　おつくりになりました。

まず、土で　人のかたちをつくり、フッと　いきをふきかけると　男の人が　できあがりました。それは　とても　よくできていたので、かみさまは　およろこびになりました。こうして　せかいは、かみさまの力《ちから》で　うごき《動》　はじめたのです。

七日めに、かみさまは　まんぞくして　ゆっくり　お休《やす》みになりました。

さいしょの　にんげん

かみさまは、さいしょのにんげんに　アダムという　名《な》まえをつけて、エデンにすまわせました。

エデンというのは、うつく《美》しい　森のこうえん《公園》のような　ところです。そこにはきれいな川が　ながれていて、おいしい　くだもののなる木が　たくさん　ありました。アダムは　いつでも　すきなとき《時》に　くだものを　た《食》べることができました。

また、いろいろな　どうぶつと　なかよくあそ《遊》ぶことも　できました。エデンのどうぶつたちは　みんな　とても　おとなしかったのです。アダムには、くる《苦》しいことも、かなしいことも、死《し》ぬことも　ありませんでした。それで　エデンのことを『らくえん《楽園》』とも　いうのです。

このように、じゆう《自由》で　たの《楽》しい　エデンにも、たった一つ　してはいけないこと

が　ありました。らくえんの　まん中に　一本の木が　はえていたのです。

「アダムよ、この木の　み《実》だけは　けっしてたべては　いけないよ。これを　たべると　死《し》ぬように　なるからね。」

と、かみさまは　おっしゃいました。アダムは、おいいつけのとおり、この木のみ《実》だけは、たべないように　気《き》をつけました。

アダムが　一人でいるのを　ごらんになった　かみさまは、

——にんげんが　一人でいるのは　よくない。

と、お考《かんが》えに　なりました。

そこで、アダムが　ぐっすり　ねむっているあいだに、むねのほねを　一本と《取》って、そのほねで　女の人を　おつくりになりました。

目がさめると、そばに　女の人が　立《た》っていたので、アダムは　たいへん　よろこびました。さっそく　エバという　名《な》まえを　つけてやりました。アダムとエバは　けっこんして、らくえんで　なかよく　くらすことになりました。

かみさまにそむいた　アダム

ある日、エバが　らくえんのまん中の　木のそばを　とおりかかると、そこに　一ぴきの　へびが　まって《待》いました。へびは　エバに　声《こえ》をかけました。

「この木のみを《実》　どうして　たべ《食》ないのですか。」

エバは　こたえ《答》ました。

「かみさま《神様》が　この木のみをたべると、死《し》んでしまうと　おっしゃったからです。」

すると　へびは　ずるそうな目を光《ひか》らせて　いいました。

「それは　うそです。この　みをたべれば、あなたは　なんでも　わかるようになって、かみさまのように、えらくなるのです。」

すっかり　その気《き》になったエバは、だまされているとも知《し》らず、木のみ《実》を　と《取》って　たべました。そのうえ　アダムにもすすめて、たべさせて　しまいました。

すると　どうでしょう。今《いま》までは　ちっとも知《し》らなかった　わるい《悪》ことが、はっきり　わかるように　なりました。人を　うたがう心《こころ》も　わいてきました。おまけに　はだかでいることが、きゅう《急》に　はずかしく　なったのです。二人は　目をふせて、いちじくの　はっぱを　つなぎあわせ、それを　こしに　まきつけました。

そのとき《時》、かみさまの声《こえ》が　きこえ《聞》て　きました。

「アダム、アダム、どこに　いるのか。」

二人は　あわてて　木のかげに　かく

れました。

「どうして　かくれたりするのだ。わたしがいけないと　いったのに、おまえは　木のみを　たべたのだな。」

アダムは　小さな声《こえ》で　こたえました。

「女が　たべろと　いったのです。」

エバは　下をむいたまま　いいました。

「へびが　たべろと　いったからです。」

そこで　かみさまは、へびに　おっしゃいました。

「おまえは　にんげん《人間》を　だましたのだから、どうぶつ《動物》の中で　いちばん　きらわれものになるだろう。おまえは　地《じ》べたを　はって歩《ある》き、ごみの中で　くらすのだ。」

つぎ《次》に　エバに　おっしゃいました。

「おまえは　くるしんで　子どもをうむことに　なるだろう。そうして　男のいうことをきいて　くらすように　なるだろう。」

さいごに　アダムにむかって　おっしゃいました。
「おまえは　これからは、ひたいに　あせをながして　はたらかなければならない。
そうして　いつかは　死《し》んで、土に　かえるのだ。」

こうして　アダムとエバは、かみさまに　そむいたばつとして、らくえんを　おい出されて　しまいました。

アダムは　エバをつれて、よその土地《とち》にすみ《住》、はたけ《畑》を　たがやしたり、ひつじをかったり、いっしょうけんめい　はたらきました。

カイン、アベル、セツという　三人の　子どもにめぐまれ、たいそう　ながいきをして　死《し》にました。

ノアの　はこぶね

それから　長《なが》い年月《としつき》が　たちました。アダムのしそんは　どんどん　ふえていきました。大ぜいで　いっしょに　くらすようになると、にんげんは　かみさまのことをわすれてしまいました。じぶん《自分》かってに　わるいことばかり　するように　なりました。よのなかは　わるい人たちで　いっぱいになりました。

その　ようすを　ごらんになった　かみさまは、がっかりなさいました。

「こんなことなら　にんげんなど　つくらなければ　よかった。いっそのこと、大水《おおみず》を　おこして、にんげんを　みんな　ほろぼしてしまおう。」

ところが、たった一人だけ　心《こころ》の正しい人が　いたのです。ノアという名《な》まえの人でした。しょうじきで、ひとには　いつも　しんせつ、かみさまを　だいじにしてくらしていました。

――ノアだけは、たす《助》けてやりたい。

と、かみさまは　お考《かんが》えになりました。

「ノアよ、わたしは　大水《おおみず》をおこして、この　わるい　よのなかを　ほろぼして　しまうつもりだ。おまえは　いそいで　大きなはこ《箱》ぶね《舟》を　つくりなさい。そうして　かぞくのものと　いっしょに　その舟《ふね》に　の《乗》るのだ。」

ノアは　かみさまの　いわれたとおり、山の上に　それは　大きな　はこぶねをつくり　はじめました。それを見《み》た　きんじょの人たちは　びっくりして　いいました。

「見《み》ろよ、ノアのやつが　山のてっぺんに　舟《ふね》なんか　こしらえているぞ。」

「それにしても、大きな舟《ふね》だな。」

「いったい　だれが、あんなものに　のるというのだ。」

みんなは　ノアが　くるってしまったのに　ちがいないと　思《おも》いました。

そのうちに、はこぶねは　りっぱに　できあがりました。しんせつな　ノアは、き

んじょの人たちを　はこぶねに　のせてあげようと　考《かんが》えました。

「いまに　大水《おおみず》が　やってくる。だから　この　はこぶねに　のりなさい。」

と、すすめて歩《ある》きました。でも　だれ一人　あいてにするものは　いませんでした。

ノアは　しかたなく　じぶんのかぞくを　はこぶねに　のせました。どうぶつや鳥《とり》も　じゅんじゅんに　のせました。たべものも　いっぱい　つんでから、はこぶねの入口《いりぐち》を　しっかりと　しめました。

やがて　ザァーという音《おと》とともに、どしゃぶりの雨が　ふりはじめました。夜《よる》になっても、つぎの日の　朝《あさ》になっても　やみません。とうとう　雨は　四十日のあいだ、ひっきりなしに　ふりつづきました。

いよいよ　大水《おおみず》が　やってきました。人びとは　大あわてで　山の上に　にげました。けれども　大水《おおみず》は、野原《のはら》も、森も、山という山も、アッというまに　水の下にしずめてしまいました。

こうして　にんげんは、わる《悪》いことをしたむくいを　うけました。いっぽう　ノア

と　そのかぞくは、はこぶねのおかげで、あん《安》ぜん《全》に　水の上を　ただよっていました。やがて、雨がやみました。はこぶねは　アララテという　山の上に　ふなぞこをつけて　と《止》まりました。

四十日たって、ノアは　まどから　からすをとばしました。からすは　とびまわるだけでした。こんどは　はとをとばしてみました。はとは　まだ　とまるところが見つからないのか、すぐに　はこぶねに　か《帰》えってきました。七日たって、もういちど　はとを　とばしてみますと、こんどは　オリーブの　はっぱをくわえて　もどってきました。それで　ノアは、水がひいたなと　思《おも》いました。それから　七日めに、また　はとをとばしてみましたが、それっきり　かえっては　きませんでした。

ノアは　あん《安》しん《心》して　はこぶねの　戸《と》をひら《開》き、みんなをつれて　外《そと》に出ました。外《そと》は　まぶしいほど　明《あか》るい日ざしに　かがやいていました。

ノアは　さっそく　石で　さいだんをつくり、その上に　どうぶつをのせて、かみ

さまへ　かんしゃの　ささげものとしました。
かみさまは、ノアの　ささげものを　およろこびになって　おっしゃいました。
「わたしは　おまえたちに　やくそくする。もう　二どと　大水《おおみず》を出すことは　ないだろう。その　しるしに、今《いま》から　空に　にじを出そう。」
すると　大きな　はし《橋》をかけたような　うつく《美》しい　にじが　空にあらわれました。

アブラハムとイサク

ノアのしそんに、アブラハムという　羊《ひつじ》かいが　いました。アブラハムは　ハランという村《むら》に　す《住》んでいましたが、もっとよい土地《とち》に　うつろうと考《かんが》えました。

そこで、おくさんのサラ、しんせきのロト、そのほか　大ぜいの　めしつかいをひきつれて、南《みなみ》の国《くに》カナンへ　しゅっぱつしました。

カナンについた　アブラハムとロトは、なかよく　たすけあって　羊《ひつじ》をかっていました。ところが、だんだん　羊《ひつじ》がふえてきて、水が　たりなくなって　しまいました。水のとりあいで　けんかになっては　たいへんです。

それで、アブラハムは　ロトにいいました。

「カナンの土地《とち》は　ひろい。けんかになるまえに　わかれよう。おまえは　すきなほうを　とりなさい。おまえが　左に行《い》けば、わたしは　右へ行《い》く。おまえが　右へ行《い》くなら、わたしは左へ行《い》こう。」

ロトは　目をあげて、あたりを　見まわしました。東《ひがし》のソドムの町の　まわりは、みどりがおおくて　よい土地《とち》でした。ロトは　ソドムに行《い》くことに　きめました。アブラハムは　ロトとわかれて　西《にし》へ行《い》き、ヘブロンというところに　テントをはって、そこに　すみました。


アブラハムには、子どもが　いませんでした。それで、早《はや》く子どもが　さずかるように、まい日　かみさまに《神様》　いのっていました。

ある夕《ゆう》がた、アブラハムが　いねむりをしていると、ゆめの中に　かみさまの声《こえ》がき《聞》こえてきました。

「アブラハムよ、おまえの　正しい　おこないは　わたしの目に　かなった。そのほうびとして、おまえに　男の子を　さずけよう。そうして　このカナンの国《くに》を、おまえのしそんに　あたえよう。」

やがて　サラは、かわいい男の子をうみました。アブラハムは　よろこんで、その子に　イサクと名《な》まえをつけ、たいへん　かわいがりました。

ところが、イサクが　少年《しょうねん》に　なったころのことです。かみさまは　アブラハムに、
「イサクを　ころして、わたしへの　ささげものに　しなさい。」
と、めいれいされました。
アブラハムは　びっくりしました。イサクが　かわいそうで　たまりません。でも
かみさまを　ふかく　しんじていましたから、
「これには　きっとふかい　わけがあるにちがいない。」
そう　思《おも》って、イサクを　よびました。
アブラハムは　たき木《ぎ》の　たばをつくって、それを　イサクに　かつがせました。
二人は　モリアという　小さな山に　のぼりました。山の上につくと、イサクをしばってから、たきぎをならべて　その上に　すわらせました。
アブラハムが　かたなを手にとって、ふりおろそうと　したときです。とつぜん、
かみさまの声《こえ》が　きこえてきました。
「アブラハムよ、その子を　ころしてはいけない。わたしは　おまえを　ためしたの

だ。おまえの　気《き》もちは　よくわかったから、かわりに　いいものをあげよう。」
アブラハムが　うしろを　ふりかえると、一ぴきの羊《ひつじ》が　やぶの中に　つのを　ひっかけて　足をバタバタさせていました。アブラハムは　イサクの　なわをほどくと、そのかわりに　羊《ひつじ》をつかまえて　かみさまに　ささげました。
こうして　あぶないところを　たすかったイサクは、リベカという女を　おくさんにむかえ、おとう《父》さんの　あとをついで、一家《いっか》の主人《しゅじん》になりました。

ヤコブとエサウ

そのうち、リベカは　ふた子をうみました。にいさんのほうは、からだ《体》が　毛《け》むくじゃらだったので、エサウと　名《な》づけられました。おとうと《弟》のほうは、手で　エサウの足のかかとを　つかんで出てきたため、ヤコブという名《な》まえを　もらいました。そうして、二人とも、すくすくと　大きくなりました。

エサウは　野山《のやま》で　けものをとるのが　とても　じょうずでした。いつも、出かけると　うさぎや　しかを　とってくるので、おとうさんのイサクは　エサウを　かわいがりました。おかあさんのリベカは　おとなしいヤコブのほうが　すきでした。

ある日のことです。ヤコブが　テントの外《そと》で　豆《まめ》をにていると、そこへ　おなかをすかした　エサウが　野原《のはら》から　かえって《帰》きました。エサウが　なべの中をのぞくと、ゆげの中に　おいしそうな豆《まめ》が　グツグツ　音《おと》をたてて　にえています。エサウはゴクリと　つばを　のみこみました。

「おいヤコブ、これを　おれに　くれないか。」

「あげてもいいよ。そのかわり　にいさんから　もらいたいものが　あるんだ。」

「なんでも　やるから、いってみろ。」

「長子《ちょうし》のけんりを　ぼくに　ゆずってくれるかい。」

「ああ、いいとも。そんなもの、おまえにやるよ。早《はや》く　その豆《まめ》を　よこせ。」

こうして　エサウは、たいせつな　長子《ちょうし》のけんり（あとつぎの　しかく）を、なべ一ぱいの豆《まめ》と　こうかんしてしまいました。

さて、イサクは　年《とし》をとって　目が見えなくなりました。そこで、早《はや》く　あとつぎをきめたいと　思《おも》いました。イサクは　エサウをよんで　いいました。

「わしは　いつ死《し》ぬかもしれない。そのまえに、たいせつな　あとつぎの　しゅくふくを　おまえに　あたえよう。今《いま》すぐ　しかを　とってきなさい。それを　たべ《食》てから、おまえを　しゅくふくしたいのだ。」

エサウは　大よろこびで、弓《ゆみ》を手にとると、しかをうちに　出かけました。

これを　きいていたリベカは、ヤコブをよんで　いいました。

「さあ、今《いま》のうちに　にいさんに　ばけて、おとうさんの　しゅくふくを　おまえがもらってしまうのよ。」

リベカは　ヤコブの手をとると、やぎのかわ《皮》を　まきつけました。毛《け》ぶかい　エサ

ウのように　見《み》せるためです。それから、羊《ひつじ》の肉《にく》で　ごちそうを　つくり、ヤコブにもたせて、イサクのところへ　いかせました。

ヤコブは　おとうさんのテントに入《はい》ると、ひざをついて　いいました。

「おとうさん、しかを　とってきました。どうぞ　わたしを　しゅくふくしてください。」

「ずいぶん早《はや》かったね。さあ、ここへ　おいで。」

目の見《み》えないイサクは、りょう手を　のばすと、ヤコブの手に　さわってみました。

「声《こえ》は、ヤコブの　声《こえ》だが、この手は　たしかに　エサウの手だ。」

そこで　イサクは　ごちそうをたべてから、ヤコブに　あとつぎの　しゅくふくをあたえて　しまいました。

そこへ、エサウが　しかを　かたにかついで　かえってきました。ヤコブのことを知《し》ったエサウは、まっかになって　おこりました。

「ヤコブのやつ、ひとうちに　ころしてやる。」

さあ、そうなっては　たいへんです。ヤコブは　いそいでしたくをすると、おもいきって　うちを　にげ出しました。ハランにある　おじさんの家《いえ》に行《い》こうと考《かんが》えたのです。
一日じゅう　テクテク歩《ある》いて、日がくれました。クタクタにつかれたヤコブは、石をまくらにして　よこになりました。目をあげると、空には　キラキラと星《ほし》が　かがやいています。うまれて　はじめて　一人ボッチになった　ヤコブは、さみしくて　たまりません。その夜、ふ

しぎなゆめを　見《み》ました。
大きな　はしごが、ヤコブの　ねているところから　天《てん》まで　とどいていました。たくさんの　天使《てんし》たちが　その　はしごを　のぼったり　おりたりしていました。
目を　さましたヤコブは、これは　きっとかみさまが　じぶん《自分》を　まもって　くださるという　しるしに　ちがいない、そう考《かんが》えて、げんきを　とりもどしました。つぎの日、ヤコブは　足どりもかるく、おじさんのうちへ　むかいました。

それから　十四年のあいだ、ヤコブは　おじさんの　ところ《所》で　羊《ひつじ》かいをして　いっしょうけんめい　はたらきました。いとこのラケルと　けっこんして、子どもにもめぐまれ　しあわせでした。でも、ふるさとが　こいしくてたまりません。とうとう、おじさんにわかれをつげ、家族《かぞく》と　たくさんの　羊《ひつじ》、やぎ、ラクダなどをつれて、なつかしいカナンへ　たび立《だ》ちました。

カナンに　近《ちか》づくにつれて、ヤコブは　にいさんのエサウを　おそろしく　思《おも》う気《き》もちが　わいてきました。

――まだ　じぶんのことを　おこっているのでは　ないのかな。カナンに　かえれば、きっと　わたしは　ころされるにちがいない。

そう考《かんが》えると、しんぱい《心配》で　ごはんも　ろくろく　のどを　とおりません。

その夜、ヤボク川のほとりで、みんなから少《すこ》しはなれて　ウトウトしていると、一人の見《み》しらぬ男が　あらわれました。ヤコブは　その男と　ひとばんじゅう　とっくみあいの　かくとうをしました。なかなか　しょうぶ《勝負》がつきません。あけがたになって　ようやく　ヤコブが　かち《勝》ました。その男は、

「もう　こうさんだ。はなしてくれ。」

と、いいました。ヤコブは、

「わたくしを　しゅくふくして　くれないと、はなしません。」

と、こたえ《答》ました、すると、その男は、

「ヤコブよ、おまえは　かみ《神》に　かったのだから、イスラエルと　名《な》のりなさい。」

そういうと、ヤコブを　しゅくふくして　きえました。

（イスラエルとは、「かみとともにたたかう人」といういみです。）


ゆめからさめたヤコブは、ふしぎに　気《き》もちが　おちつきました。みんなの　せんとうに立《た》って、げんきよく　カナンに　入《はい》りました。

山かげから、おおぜいの人たちが　あらわれて、こちらへ　むかってくるのが　見《み》えました。エサウが　けらいをひきつれて　やってきたのです。

ヤコブは　ぶき《武器》をすてました。前《まえ》に　一人ですすみ出《で》ると、七回《かい》　おじぎをしながら、にいさんに　近《ちか》づきました。エサウは　とぶように　走《はし》ってきて、しっかりとヤコブを　だきしめました。

「ヤコブ、よくかえってきたな。」

「にいさん、ありがとう。むかしのことを、どうぞ　ゆるしてください。」

ヤコブは　おみやげに、羊《ひつじ》や　やぎを　エサウに　あげました。
こうして　二人のきょうだい《兄弟》は　なかなおりをしました。ヤコブは　のぞみどおり、ふるさとで　くらすことに　なったのでした。

ヨセフ、エジプトにうられる

ヤコブには　十二人の　むすこがいました。下から二ばんめは　ヨセフという　名《な》まえで、たいそう　かしこい　少年《しょうねん》でした。おとうさんのヤコブは、だれよりも　このヨセフを　かわいがっていました。そのため　きょうだいたちは　ヨセフのことをだんだん　ねたむようになりました。
あるとき、ヨセフは　ゆめをみて、それをみんなに　話《はな》しました。
「たいよう《太陽》と　月と　十一の星《ほし》が　やってきて、わたしを　おがんだのです。」
それをき《聞》いた　にいさんは、まっかになって　おこりだしました。

「おまえは　じぶんだけが　そんなに　えらいと　おもっているのか。」

「おとうさんと　おかあさんと、それに　おれたちが、おまえを　おがむように　なるとでも　いうのか。」

そのことが　あってから、にいさんたちは　ますます　ヨセフを　にくむようになりました。


ある日のこと、おとうさんのヤコブが　ヨセフをよんで　いいました。

「おまえ、ごくろうだが　わたしのかわりに、にいさんたちのところに　行《い》ってきてくれないか。羊《ひつじ》のむれが　げんきでいるかどうか、見《み》てきてほしいのだ。」

ヨセフは、おとうさんの　いいつけどおり、にいさんたちを　さがしに行《い》きました。

にいさんたちは、とお《遠》くから　ヨセフが　こっちへやってくるのを　みつけました。

「おい、みろよ。あの　なまいきなヨセフが　一人で　やってくるぞ。」

「おとうさんは　見《み》ていないし。そうだ。あいつを　ころしてしまおう。」

みんなは　くちぐちに　そうさけびました。

しかし、いちばん上の　ルベンが　はんたいして　いいました。

「いや、おとうと《弟》をころすのは　気《き》ぶんがわるいな。それよりも、この　からのいどに　ほうりこもうじゃないか。そのほうが　ずっと　おもしろいぞ。」

　そういうと、スタスタと　どこかへ行《い》ってしまいました。ルベンは　ヨセフを　かわいそうに思《おも》い、あとで　こっそりたすけだす　つもりだったのです。

　ヨセフは　そんなこととは　知《し》りませ

ん。ニコニコしてやってきました。そうして　アッというまにあなの中に　なげこまれてしまいました。

そこへ、らくだに　にもつ《荷物》をつんで　エジプトへくだるしょうにん《商人》が　とおりかかりました。それを見《み》た　四ばんめの　きょうだいの　ユダが　いいました。

「いいことがあるぞ。あの　しょうにんに　ヨセフを　うって《売》しまおう。」

みんなは　ヨセフを　いどからひきあげて、ぎんか二十まいで　どれいに　うってしまいました。そうして、ヨセフのうわぎに　羊《ひつじ》の血《ち》をぬり、それをもって　おとうさんのところへ　かえり《帰》ました。

ヤコブは　血《ち》のついた　うわぎをみると、ヨセフが　けものにくわれて　死《し》んでしまったものと　思《おも》い、たいへん　かなしみました。

さて、ヨセフは　どうなったでしょうか。

とおいエジプトの国《くに》に　つれてゆかれ、ポテパルという　やくにん《役人》の家《いえ》で、どれい

として　はたらくことになりました。ヨセフは　人が見《み》ていないところでも、いっしょうけんめい　はたらきました。ですからすぐに　みんなと　なかよしになりました。しゅじん《主人》のポテパルも、ヨセフを　だいじにしてくれました。

ところが、ポテパルのおくさんは　心《こころ》のわる《悪》い人でした。ヨセフに　いやらしいことを　させようとしましたが、かみさまを　だいじにしているヨセフが、そんなことを　するはずがありません。おくさんは　おこって　うそのつみをきせ、ヨセフをろうやに　入《い》れてしまいました。

ヨセフの　ゆめうらない

ろうやに　入《い》れられたヨセフは、だれのこともうらまず、あかるいまい日を　すごしました。かみさまのなさることに　まちがいはないのだと　思《おも》っていたのです。

ろうやの中には、王さまの　けらいが二人、入《い》れられていました。一人は　王さま

の　しょくじ《食事》のせわをする　きゅうじがしら、もう一人は　王さまの　だいどころの
りょうりがしらでした。

　あるばんのこと、二人は　おかしな　ゆめをみました。

「このゆめは　どういう　いみ《意味》だろう。」

　すっかり　考《かんが》えこんでいるところへ　ヨセフが　やってきました。

「二人とも　どうしたのですか。」

　そこで　まず、きゅうじがしらが　話《はな》しました。

「わたしは　へんなゆめを　みたんだよ。ぶどうの木が　一本あったらね、そこから三つの　えだが出て、めを出し、花がさき、ふさふさしたみ《実》がなった。わたしは　ぶどうの　みをと《取》ると、それを　さかずきにしぼり、王さまに　さしあげたのだ。」

　話《はなし》を　きいたヨセフは、ニコニコしながら　いいました。

「あなたの　ゆめは　よいしるしです。三つの　えだは　三日のことなのです。王さまは　きょう《今日》から　三日めに　あなたを　ろうやから出して、もとのやくめに　かえ

すでしょう。」

それを　きいた　きゅうじがしらは、たいへん　よろこんで　いいました。

「もしも　わたしが　ゆるされたら、王さまに　おねがいして　おまえを　ろうやから出して　やろう。」

つぎに、りょうりがしらが　話《はな》しました。

「わたしのゆめは　こうなのだ。わたしのあたまの上に　三つの　かごがあった。いちばん上のかごには、王さまにさしあげる　ごちそうが　入《はい》っていた。ところが　鳥《とり》がとんできて、それを　たべてしまったのだ。」

ヨセフは　こたえて《答》　いいました。

「おきのどくですが、あなたのゆめは　わるい　しるしです。三つのかごは、三日のことです。王さまは　三日めに　あなたを　木につるすでしょう。そして　空の鳥《とり》があなたを　たべてしまうでしょう。」

それから　三日めに、きゅうじがしらは　ゆるされて　王さまの　しょくどうにもどり、りょうりがしらは　死《し》けいに　なってしまいました。ヨセフの　いったとおりに　なったのです。けれども、きゅうじがしらは　ヨセフのことも、たすけると　やくそくしたことも　すっかり　わすれてしまいました。

ヨセフの　しゅっせ

それから　二年たちました。こんどは王さまが　ふしぎなゆめをみました。王さまが　ナイル川の　きしに立《た》っていると、ふ《太》とった牛《うし》が　七ひき　川から　あがってきて、草《くさ》を　たべはじめました。すると　あとから　やせた　七ひきの牛《うし》が川から　あがってきて、ふとった　七ひきの　牛《うし》を　たべてしまいました。ここで王さまは　ゆめからさめたのです。

王さまは　ゆめのことが　しんぱいで　たまりません。さっそく　国《くに》じゅうのがく《学》

しゃ《者》たちをあつ《集》めて、ふしぎなゆめの　話《はなし》をしました。けれども、だれ一人　ゆめのなぞを　とくことが　できませんでした。

それを見《み》ていた　きゅうじがしらが　ヨセフのことを　思《おも》いだして　いいました。

「王さま、わたくしは　ヨセフという名《な》まえの　ふしぎな男を　知《し》っております。ヨセフは　まえに　わたくしと　りょうりがしらの　ゆめのなぞをといて、三日めに　そのとおりに　なりました。」

それをきいた　王さまは、すぐさま　けらいに　いいつけました。

「ヨセフというものを、ここへ　よんでまいれ。」

ヨセフは　ろうやから　よび出されました。からだ《体》をあらい、きちんとした　みなりになって、王さまのまえに　すすみ出ました。王さまの　ゆめの　話《はなし》を　きいたヨセフは、しばらく　考《かんが》えていましたが、やがて　かお《顔》をあげると　こういいました。

「このゆめは　かみさまの　おつげです。七とうの　ふとった牛《うし》は、さくもつ《作物》の　よ

くとれる　七年かんのことです。やせた七とうは、そのあとにつづく　なんにもみのらない　七年かんのことです。エジプトは　これから　七年かんのあいだ麦《むぎ》もくだものも　あまるほど　とれるでしょう。そのあいだに　あまったたべものを　しまっておいて、そのあとの　七年かんのためにじゅんびを　なさってください。」

ヨセフの　こたえをきいて、王さまもけらいたちも　すっかり　かんしん《感心》してしまいました。王さまは　ヨセフにむかって　いいました。

「ヨセフよ、かみさまは　とくべつのちえを、おまえに　おさずけに　なったのだ。どうか　そのちえを　わしに　かしてほしい。今《いま》から　おまえは　エジプトの　そうりだいじんだ。」

それから　けらいたちにむかって　いいました。

「みなのもの、よく　きくがよい。これからは　なんでも　ヨセフの　いうとおりにするのだ。」

王さまは、じぶんのゆびから　金の　ゆびわをとって、ヨセフのゆびに　はめてやりました。そうして　金の　くびかざりと、だいじんの　きものと、りっぱな車をくださいました。

そうりだいじんになった　ヨセフは、車にのって　国《くに》じゅうを　まわりました。そして　大きなくらを町ごとに　たてさせ、七年のあいだ、その　くらが　いっぱいになるまで、たべものを　たくわえました。王さまは　これを見《み》て　すっかり　安心《あんし》んして、ヨセフに　国《くに》じゅうの　くらのかぎを　あずけました。

七年たつと、ヨセフの　いったとおりになりました。雨は　一日もふらず、土はかわいて、むぎ一本とれない年《とし》が　つづきました。どこの国《くに》でも　たべものが　なくなり、うえじにする人が　出はじめました。

でも、エジプトの国《くに》だけは、ちっともこまりません。ヨセフは　くらをあけて、みんなに　たべものを　わけてやりました。

その　うわさをき《聞》いて、よその国《くに》からも、たくさんのひとびとが　ヨセフのもとへたべものを　わけてもらいに　やってくるようになりました。

ヤコブのかぞく　エジプトへ

さて　こちらは　ヨセフの　おとうさんの家《いえ》です。ヤコブのすんでいる　カナンの地方《ちほう》も　たべものが　なくなってしまいました。ヤコブは　むすこたちをあつめていいました。
「このままでは　わたしたちは　うえて死《し》んでしまう。うわさによると、となりの　エジプトの国《くに》には　たべものが　あるそうだ。ごくろうだが、みんなで行《い》って　たべものをかってきてくれないか。」
そこで　ヨセフのきょうだいは、いちばん下のおとうとの　ベニヤミンを　おとうさんの　もとにのこして、十人で　エジプトへ　むかいました。とちゅう　くろうしてさばくをこえ、ようやく　エジプトの国《くに》に　たどりつきました。
十人は　そうりだいじんの　やしきにつくと、ヨセフの前《まえ》に出て　地《じ》めんにあたまをつけて　おじぎをしました。だれも　目のまえにいる　えらいだいじんが　ヨセフであるとは　ゆめにも　思《おも》いません。
ヨセフのほうは　ひとめ見《み》て　にいさんたちだと　わかりました。なつかしさでむねが　いっぱいになりました。でも　にいさんたちの　心《こころ》をためしてみようと　思《おも》いました。そこで　しらんかおをして、声《こえ》も　あらあらしく　いいました。

「おまえたちは　どこから　やってきたのか。」

にいさんの　ルベンが　こたえました。

「はい、カナンから　まいりました。」

「ほかに　かぞくは　いないのか。」

「家《いえ》には　年《とし》とった父《ちち》と、すえのおとうとの　ベニヤミンがおります。わたくしたちは　十二人きょうだいでしたが、一人は　わかいころ　死《し》んでしまい、今《いま》では　十一人のきょうだいで　ございます。」

「うそを　いうな。おまえたちは、この国《くに》のようすを　さぐりにきたのに　ちがいない。」

十人は　びっくりして　くちぐちに　いいました。

「いいえ、けっして　あやしいものでは　ございません。」

ヨセフは　きっぱりと　いいました。

「おまえたちの　いうことが　ほんとうなら　そのしょうこを見《み》たい。かえ《帰》ってすえのおとうとを　いっしょにつれてくるのだ。そうすれば　すきなだけ　たべものをわけてやろう。」

ヨセフは　二ばんめのにいさんの　シメオンを　ひとじちとして　ろうやに入《い》れました。それから　けらいにめいじて　めいめいのふくろに　たべものを　入《い》れてやりました。九人の　きょうだいは　すごすごと　カナンへ　かえ《帰》って行《い》きました。

むすこたちから　話《はなし》をきいた　ヤコブは　がっかりしました。このうえ　ベニヤミンまで　とられたら　たいへんです。でも　エジプトから　もってきた　たべものはすぐに　なくなりました。もう　しかたがありません。とうとう　ヤコブも　ベニヤミンが行《い》くことに　さんせいしました。

エジプトについた　きょうだいは　そろって　ヨセフの前《まえ》に　ひれふしました。ヨ

セフは　ベニヤミンのかおを見《み》ると、うれしくて　なみだが　こぼれそうになりました。あわてて　べつのへやに行《い》き、一人でなき《泣》ました。
それから　テーブルに　山のような　ごちそうを　ようい《用意》させました。ろうやから　シメオンをよび出し、じぶんで　さしずして　きょうだいを　年《とし》のじゅんに　すわらせました。きょうだいは、だいじんが　なんでも　わかってしまうので、びっくりしました。でも　おいしいごちそうを　はらいっぱいたべて　まんぞくでした。
しょくじ《食事》がおわる《終》と、ヨセフは　けらいにめいじて、めいめいのふくろに　たべものを　いっぱい　つめてやりました。そうして　じぶんの　ぎんのさかずきを　こっそり　ベニヤミンのふくろに　入《い》れさせました。
それとも知《し》らない　きょうだいは、早《はや》くおとうさんのところに　かえろうと　道《みち》をいそぎました。町はずれに　さしかかったところで、そうりだいじんの　へいたいがあとを　おいかけてきました。
「おまえたちの　中に、だいじんの　だいじなさかずきを　ぬすんだものがいる。み

んな　ふくろの中を見《み》せろ。」

しらべてみると、ベニヤミンの　ふくろから、ぎんのさかずきが　出てきました。

みんなは　もういちど　そうりだいじんの　やしきへ　つれて行《い》かれました。

ヨセフは　みんなの　かおを見《み》ると、おこった声《こえ》で　いいました。

「ほかのものは　カナンへ　かえってよい。だが　どろぼうをした　おとうとは　エジプトにのこれ。いっしょう　わしの　どれいになるのだ。」

みんなは　かおを　見《み》あわせて　くちぐちに　ささやきました。

――たいへんな　ことになった。

――これも　むかし　みんなで　ヨセフを　どれいに　うりとばした　ばちがあたったのだ。

――かみさま《神様》が　ばつを　くださったのだ。

――みんな　われわれが　わるい《悪》のだ。

四ばんめのにいさんの　ユダが、ヨセフの　足もとに　ひれふしていいました。

「そうりだいじんさま、どうぞ　おききください。わたくしどもの父《ちち》は、このおとうとを　たいへん　あいしております。もしも　おとうとが　どれいに　なったのを知《し》ったら、かなしみのあまり　死《し》んでしまいます。どうか、おとうとを　ゆるしてやってください。そのかわり、わたくしが　あなたのどれいに　なりましょう。」

ヨセフは　これをきくと　もう　がまんできなくなりました。にいさんたちが、むかしとちがって、心《こころ》のやさしい人に　なっていたことが、うれしかったのです。

ヨセフは　にいさんたちに　かけよって　いいました。

「わたしは　おとうとの　ヨセフです。かみさまは　みんなを　すくうために　わたしがさきに　エジプトへくるように　なさったのです。よろこんでください。ヨセフは　今《いま》は　エジプトの　そうりだいじんです。おとうさんを　エジプトへよんで、いっしょに　くらしましょう。おにいさんたち、おなつかしゅうございます。」

そう　いいおわると、ベニヤミンにだきついて　なきだしました。にいさんたちは、あまりのおどろきに　口も　きくことが　できません。死《し》んだと思《おも》った　ヨセフがいきていたのです。やがて、いっせいに　ヨセフに　だきついて、ぶじを　よろこびあいました。

この　話《はなし》をきいた　王さまは、たいへん　よろこんで、ヨセフのかぞくを　エジプトへ　つれてくるように　めいじました。ヨセフは　王さまの　いうとおり、にいさんたちに　たくさんの　おみやげをあたえ、おとうさんのために　じぶん《自分》の車《くるま》を　もたせて　かえしました。

ヤコブは、ヨセフが　いきているときいても、はじめは　しんじようと　しませんでした。でも、ヨセフが　じぶんのためによこした　むかえの車《くるま》を見《み》て、やっと　ほんとうなのだと　思《おも》いました。そうして　かぞくと　いっしょに　エジプトへ　むかいました。

ヨセフは　けらいをしたがえて　車《くるま》にのり、おとうさんを　むかえに出ました。ヤコブの　ぎょうれつが　さばくのむこうに　見《み》えてくると、ヨセフは　車《くるま》からとびおりて、おとうさんのほうに　走《はし》りだしました。ヤコブも　ヨセフのすがたをみつけ、車《くるま》を　おりました。おやこ《親子》はなきながら　しっかりと　だきあいました。

「ヨセフ。わたしのヨセフ――」

「おとうさん。おいでを　まっていましたよ。」

王さまは、ヤコブのために、ゴセンという土地《とち》を　くださいました。ヤコブのかぞくは、そこで　しあわせに　くらしました。

このヤコブの　しそんのことを、イスラエル人といいます。

モーセの　たんじょう

それから　長《なが》い年月《としつき》が　たちました。イスラエル人は　どんどんふえて、力《ちから》のつよ《強》いぶぞく《部族》に　なりました。

ところが、あたらしいエジプト王は　イスラエル人が　きらいでした。むかし《昔》　エジプトを　すくってくれた　ヨセフのことも　すっかり　わすれていました。

「こんなに　イスラエル人が　ふえてはこまる。今《いま》のうちに　なんとかしなければならないぞ。」

そこで　王さまは　イスラエル人を　みんな　どれいに　してしまいました。レンガづくり、かべぬり、はたけしごと《仕事》　など、つらいしごとを　イスラエル人に　させるように　めいれい《命令》しました。

つらい　くるしい　まい日が　はじまりました。それでも　イスラエル人は　どんどん　ふえていきます。
いくらいじめても　ききめが　ないのを見《み》て、王さまは　はらを立《た》てました。とうとう　ひどいめいれいを　出しました。
「イスラエル人に　男の子がうまれたら、みんな　ナイル川に　なげこんでしまえ。」

そのころ、一人の　イスラエル人の　おかあさんが　男の子をうみました。その子が　あまりに　かわいらしいので、とても川になげこむことは　できません。三月《みつき》のあいだ　そっと　かくして　そだてました。

けれども、あかちゃんが　大きな声《こえ》で　なくようになりました。もう　かくしておくことは　できません。

そこで　かごの中に　あかちゃんを入《い》れ、川ぎしにちか《近》い　あしの　しげみの中にうかべました。

あかちゃんには　おねえさんがいました。おねえさんは　あかちゃんが　かわいそうでたまりません。

「だれか　いい人が　ひろってくれないかしら。」

と、少《すこ》しはなれて　木のかげから　かごを　見《み》はっていました。

しばらくすると、王さまの　おひめさまが　水をあびに　川へ　やってきました。おひめさまは　すぐ　かごを　見《み》つけました。あけてみると　あかちゃんが　げんきな声《こえ》で　ないているでは　ありませんか。

「まあ、かわいい　あかちゃんだこと。」

かくれていた　おねえさんは、おひめさまの　前《まえ》に　とんで行《い》って　いいました。

「おひめさま、おちちをあげる人を　わたくしが　さがして　きましょうか。」

おひめさまは、それをきいて　よろこびました。かしこい　おねえさんは　さっそく　じぶんの　おかあさんをつれて　もどってきました。

おひめさまは　おかあさんに　いいました。

「この子を　あずかっておくれ。わたしのかわりに　おちちをのませて、だいじにそだてておくれ。」

こうして　あかちゃんは、ほんとうの　おかあさんに　そだてられ、りっぱな　わかものに　せいちょうしました。
おひめさまは　このわかものを　じぶんの子にして　モーセという名《な》まえを　つけました。モーセとは、『水の中から　ひろわれた』という　いみです。

モーセの　けっしん

モーセは　じぶんと　おなじ　イスラエル人が、エジプト人から　いじめられているのを見《み》て、いつも　くやしく　思《おも》っていました。

ある日の　ことです。エジプト人が　ひとりのイスラエル人を　さんざんに　なぐりつけていました。とおりかかった　モーセは　とても　がまんができません。とうとう　そのエジプト人を　じぶんの手で　ころしてしまいました。

さあ、たいへんです。王さまは　まっかになって　おこりました。モーセは　しかたなく　エジプトからにげて、ミデアンというところに　かくれました。そうしてまい日　羊《ひつじ》のばん番《ばん》をして　くらしました。

あるとき　モーセが　野原《のはら》で　羊《ひつじ》に草《くさ》をたべさせていると、ちかくのくさむらが

きゅうに　もえはじめました。ちかよってみると　どうでしょう。火は　ついている
のに　草《くさ》はもえていないでは　ありませんか。
――これは　いったい　どうしたことだろう。
そう　思《おも》って見《み》ていると、火の中から　声《こえ》がきこえてきました。
「モーセよ、わたしは　アブラハム、イサク、ヤコブの　かみである。」
モーセは　びっくりして　じめんに　ひれふしました。
「モーセよ、よく　きくがよい。わたしは　おまえに　だいじなやくめを　あたえる。
すぐに　エジプトに　かえるのだ。そうして王のもとから　イスラエル人を　すくい
出し、カナンへ　つれて行《い》きなさい。」
モーセは、あたまを　さげたまま　おそるおそる　こたえ《答》ました。
「かみさま、わたくしは　なんの力《ちから》もない　羊《ひつじ》かいです。とても　そのようなことは
できません。」
すると、また　声《こえ》が　きこえました。

「モーセよ、あんしんしなさい。おまえに　ふしぎな力《ちから》を　あたえよう。王が　いうことを　きかなかったら、おまえは　この力《ちから》を　つかいなさい。」

うちへ　かえってから、モーセは　いっしょうけんめい　考《かんが》えました。

——じぶんは　イスラエル人だ。くるしんでいるなかまを、みごろしにはできない。そうだ、かみさまの　いうとおり、みんなを　たすけに行《い》こう。

そう　けっしん《決心》した　モーセは、すぐさまエジプトの国《くに》へ　むかいました。そうしてイスラエル人を　あつめて、エジプトからにげ出す　じゅんびをはじめました。

王さまとモーセ

モーセは　まず　きゅう宮《》でん殿《》に行《い》き、王さまに　いいました。
「わたくしたちは　エジプトの国《くに》を、出ることに　きめました。どうか　王さまのおゆるしを　おねがい　いたします。」
王さまは　くび首《》を　よこにふって　こたえました。
「とんでもないことだ。イスラエル人は　わしの　どれいだ。出てゆくことはならぬ。」
そこで　モーセは　手にしていたつえを　ゆかになげました。すると　それは　へびになりました。王さまは　びっくりしましたが、いうことを　きこうとはしません。

つぎに　モーセが　つえで　ナイル川の水をうつと、水は　まっかな　血《ち》に　なってしまいました。もう　水をのむことも　せんたくを　することも　できません。川のさかな《魚》は　ぜんぶ　死《し》んでしまいました。それでも　王さまは　イスラエル人を出してやるとは　いいません。

こんどは　池《いけ》の上に　つえを　さし出しました。すると　どうでしょう。かぞえきれないほど　たくさんの　かえるが、あとからあとから　あがってきて、くにじゅうかえる　だらけに　なってしまいました。だいどころの　たべものや、ねている　にんげんの上にも　かえるが　ピョンピョン　はねまわります。

これには　さすがの　王さまも　まいってしまいました。モーセをよんで、

「早《はや》く　かえるを　どけてくれ。おまえのいうとおりにするから。」

と、たのみました。

モーセは　よろこんで　かえるを　もとにもどしました。けれども　うそつきの

王さまは　やくそくを　まもろうとは　しませんでした。

おこった　モーセは、つぎから　つぎへといろいろな　さいなんを　おこしました。空いっぱいに　ぶよと　あぶの　たいぐんを　出したり、空から　大きなひょうを　ふらせたり、いなごのたいぐんを出して、はたけのさくもつを　ぜんめつ　させたり　しました。

あるときは、エジプトじゅうを　三日かんまっくらやみにして、となりの人の　かお見《み》えないようにしました。

それでも　がんこな　王さまは　イスラエル人を　はなそうとは　しませんでした。

そこで　かみさまは　モーセに　おっしゃいました。

「モーセよ、わたしは　おそろしいわざわいを　エジプトの上に　くだそうと思《おも》う。だから　イスラエル人に　つたえなさい。家《いえ》ごとに　子《こ》羊《ひつじ》をころして　しょくじのよ

ういを　するように。家《いえ》の入口と　はしらに　子羊《こひつじ》の血《ち》をぬっておくように。そうすれば　わざわいは　その家《いえ》をさけてとおりすぎるであろう。みんな　旅《たび》のしたくをして　くつをはき、おびをしめ、手に　つえをもって、いそいでしょくじをするのだ。」

その夜、エジプトでは　たいへんなさわぎが　おこりました。王さまの　きゅうでんから　うまやの動物《どうぶつ》に　いたるまで、一ばん上の子が　すべて　死《し》んでしまったからです。

エジプトの国《くに》は、なきさけぶ人の　声《こえ》で　いっぱいに　なりました。その　声《こえ》は町じゅうに　あふれて　きみのわるいほどでした。

けれども　モーセの　いうとおりにした　イスラエル人の家《いえ》には　なにも　おこりませんでした。この　わざわいは、子羊《こひつじ》の　血《ち》をぬってある　家《いえ》の前《まえ》を、とおりすぎたからです。

（この夜の　できごとを　きねんするために、イスラエル人は『すぎこしの　まつり日』をつくり、まい年このころに　いわうように　なりました。かみさまが、わざわいから　とくべつに　まもってくださったことを　わすれないためです。）

エジプトを出る　イスラエル人

これいじょう　わざわいが　おこっては　たまりません。こりごりした　王さまは、モーセをよんで、早《はや》く　この国《くに》を　出て行《い》くように　たのみました。

とうとう　のぞみが　かないました。イスラエル人は　にもつをまとめ、モーセのあとについて、大いそぎで　カナンを　さして　しゅっぱつ《出発》しました。

イスラエル人が　行《い》ってしまうと、王さまは　うでをくんで　考《かんが》えました。

――まったく　いまいましい　れんちゅうだ。だが　まてよ。あしたから　どうやってレンガをやいたら　いいのだ。あいつらがいないと、こまるのは　おれたちエジプト人じゃあないか。

そう　考《かんが》えると　いてもたっても　いられません。ぐんたいを　あ《集》つめると、じぶんも　せんしゃに　とびのり、まっしぐらにイスラエル人のあとを　おいかけました。

エジプトの　くにざかいに、紅海《こうかい》という　ほそながい　海《うみ》があります。やっとのことで　その海《うみ》べに　たどりついた　イスラエル人は、すなけむりを立《た》てて　おいかけてくる　エジプトぐんを　見《み》ました。

さあ、たいへんです。みんな　ふるえあがって　大さわぎに　なりました。けれども　モーセは　少《すこ》しも　あわてません。かみさまに　おいのりをして、りょう手を海の上に　さしのべました。

すると　どうでしょう。つよい風《かぜ》が　ふいてきて、海の水が　まん中から　二つにわかれました。そこには、かわいた　一本の　道《みち》が　できました。イスラエル人はそこをとおって、ぜんいん　ぶじに　紅海《こうかい》の　むこうぎしに　わたることができました。

あとから　きしべについた　エジプトぐんは、おなじ道《みち》をとおって　海を　わたりはじめました。ちょうど　紅海《こうかい》の　まん中に　きたときです。いままで　わかれていた水が　音《おと》を立《た》てて　もとへ　もどってきました。

あわてて　もとのきしに　にげかえろうとしましたが、水のいきおいには　かてません。エジプトぐんは、人も、馬《うま》も、せんしゃも、あっというまに　海のそこに　の

みこまれてしまいました。

さばくをたびする　イスラエル人

こうして　うまくエジプトぐんの手をのがれた　イスラエル人は、カナンへ　むかいました。カナンは、せんぞ　ヤコブの　すんで住《じゅう》いた　土地《とち》、かみさまとの　やくそくの　国《くに》なのです。けれども、カナンは　とても　と遠《えん》おいのです。おまけに、ひ広《こう》ろいさばくをこえて　いかなければなりません。

日が　たつにつれて、水も　たべものも　だんだん　なくなっていきました。

「あーあ、こんなに　あつくては　もう　歩《ある》けないな。」

「おなかも　すいたし、だいいち　のどがかわいて　死《し》にそうだよ。」

「エジプトに　いたときは、にくなべの　そばに　すわって、あきるほど　パンをたべていたのにな。」
みんなは　モーセにむかって　くちぐちにふへいを　いいました。

つぎの朝《あさ》、イスラエル人が　目をさますと、じめんに　うろこのような　白い小さなものが　いっぱい　おりていました。手にとって　たべてみると、あまいせんべいのような　おいしい　あじがしました。たいよう《太陽》が　上にのぼって　あつい　ひがさしてくると、それは　あさつゆのように　とけてしまいました。そこで　みんなは、朝《あさ》おきると　大いそぎで　ひろい　あつめることになりました。
「かみさまは、やっぱり　おれたちを　おみすてには　ならなかった。」
イスラエル人は　かみさまに　かんしゃして、この　たべものに　マナという　名《な》まえをつけました。マナは　それから　まいあさ、テントのまわりに　ふりつもるようになりました。
また　のどがかわいて　こまったときには、ふしぎと　きれいな　わき水にめぐまれて、あぶないところを　たすかりました。

エジプトを　出てから　三月《みつき》めに、イスラエル人は　シナイ山のふもとに　たどりつき、そこに　キャンプをはりました。

モーセは　かみさまに　よばれて、一人　シナイ山の　いただきに　のぼりました。山の上は　あつい雲《くも》に　おおわれていました。耳を　つんざくような　かみなりといなびかりが　モーセのからだを　つつみました。そうして　かみさまの　おごそかな声《こえ》が　きこえてきました。

一、わたしが　あなたを　エジプトから　すくいだした　かみ《神》である。

二、わたしのほかに、どんなものも　おがんではならない。

三、かみの名《な》まえを、やたらに　よんではならない。

四、六日のあいだ　はたらいて、七日めは　しごとを　休《やす》まなくてはならない。そ

の日は『あんそく日』として、たいせつに　しなければならない。

五、父《ちち》母《はは》を　だいじにせよ。

六、ひとごろしを　してはならない。

七、いやらしいことを　してはならない。

八、どろぼうを　してはならない。

九、うそを　ついてはならない。

十、ひとのものを　むやみに　ほしがってはならない。

かみさまがくださった　このいましめを『十かい』と、いいます。十かいとは、

十のいましめ　という　いみです。

かみさまは　十かいを　二まいの　石のいたに書《か》いて、モーセに　おあたえに　なりました。また　これを　きちんと　まもるよう　おめいじに　なりました。

モーセは　十かいの　二まいの　いたを　だいじにかかえて　山をおり、みんなに　山であった　できごとを　つたえました。こののち、十かいは　イスラエル人の　たいせつなおきてと　なりました。

イスラエル人は　アカシヤの木で　大きい　りっぱなはこを　つくりました。うちがわも　そとがわも　金で　かざり、ぼうをとおして　かたに　かつげるようにしました。はこの上には、天使《てんし》のぞうを二つ、むかいあわせに　とりつけました。そうして　十かいの　いたと　マナを　その中に　おさめました。このはこを『けいやくのはこ』と　いいます。このはこと　いっしょに　すすむかぎり、かみさまは　いつもじぶんたちと　いっしょに　おいでになると、イスラエル人は　しんじていました。

やくそくの国　カナン

シナイ山を　しゅっぱつした　モーセと　イスラエル人は、野《の》をこえ、山をこえて、やっとのことで　カデシ・バルネアというところに　たどりつきました。カデシ・バルネアから　カナンは　もう目と　はなのさきです。

けれども、カナンには　むかしからすんでいる　つよい人たちが　いるのです。ながいたびで、ヘトヘトに　つかれきった　イスラエル人には、とても　カナンに入《はい》るゆう気《き》がありません。とうとう　三十八年ものあいだ、カデシ・バルネアに　とどまることに　なりました。

カデシ・バルネアでの　くるしい　テントせいかつ《生活》のおかげで、イスラエル人はがまんづよい　りっぱなみんぞく《民族》に　なりました。モーセは、今《いま》こそ　カナンに　入《はい》るとき《時》だ、と　けっしん《決心》しました。

カデシ・バルネアを　しゅっぱつした　イスラエル人は、こんどは　とおまわりをして、死海《しかい》の　むこうがわに出ました。とちゅう　アモリ人と　たたかいながら、ようやく　カナンの入口、モアブというところに　つきました。やくそくの国《くに》は、もう目のまえです。

けれども、年《とし》とったモーセは　知《し》っていました。

「じぶんのいのちは　もうこれで　おわりだ。せめて　死《し》ぬまえに、カナンを　ひと目　見《み》ることにしよう。」

モーセは、近《ちか》くにある　ネボ山の　いただきに　立《た》ちました。山の上からは、目の下に　ヨルダン川、そして　そのむこうがわに、みどりいっぱいの　カナンの国《くに》が見《み》えました。北のほうには　白い雪《ゆき》をいただく　ヘルモン山が　とお《遠》く　そびえていました。モーセは　ゆっくりと　あたりを見《み》まわして、まんぞくそうに　うなずきました。

まもなく　モーセは、やくそくの国《くに》を　まえにして　やすらかに　いきを　ひきとりました。

モーセが死《し》んだあと、ヨシュアという人があとをついで　たいちょうに　なりました。ヨシュアは　かしこくて　ゆうかんな男でした。イスラエル人を　ひきつれて　ヨルダン川をわたり、カナンに入《はい》って　すぐにエリコの町を　せんりょうしました。

つぎの　とりでは　アイの町です。アイの人たちは　とても　つよ《強》いのです。

けれども　ヨシュアは　へいきでした。まず、イスラエルのぐんぜいを　二つにわけ、半分《はんぶん》を　町の西にある　山かげに　かくしました。あとの半分《はんぶん》で　町の北がわから　たたかいを　はじめました。

アイの　ぐんぜいは、それっとばかりに　町から　うってでました。ところが、どうしたことでしょう。てきのすがたを見《み》ると、イスラエルぐんは　いちもくさんににげ出したのです。

「見《み》ろ。てきは　にげたぞ。」

「おいかけて、みなごろしにしろ。」

アイのぐんぜいは　どんどん　あとをおいかけました。

そのときです。アイの町に　モクモクと　黒《くろ》いけむりが　あがりました。山かげにかくれていた　イスラエルぐんが、からっぽになった町を　せんりょうしたのです。

びっくりした　アイのぐんぜいは、はさみうちにあい、アッというまに　ぜんめつしてしまいました。

けいりゃくのうまい　ヨシュアは、カナンにある町を　つぎからつぎへと　せめおとしました。さいしょから　こうさんする町も　ありました。こうして　イスラエル人は、だんだんに　カナンの国《くに》を　じぶんたちのものに　していったのでした。

サムソンとデリラ

それから長《なが》いあいだ、せんそうが　つづきました。まわりのつよい国《くに》が、なんどもなんども　カナンに　せめこんできたからです。イスラエル人は　そのたびにたたかいましたが、ヨシュアが死《し》んでからは　ま《負》けることが　おおくなりました。あるとき《時》は、ペリシテという国《くに》にまけて、四十年かんも　どれいにされたことがありました。

そのころのことです。イスラエルに　サムソンという　ふしぎな男が　あらわれました。ライオンを　ひとうちで　ころすほどの　大へんな　力《ちから》もちでした。サムソンは　なかまが　ペリシテ人に　いじめられるのを見《み》ると、がまんができません。一人で　ゆうかんに　たたかいました。あるときは、ロバの　あごのほねをもって、いちどに　千人《せんにん》のペリシテ人を　うちころしたこともありました。
ペリシテ人は　はらを立《た》てて、サムソンをとらえようとしましたが、なにしろ　力《ちから》がつよすぎて　どうすることもできません。
そこで　けいりゃくを　考《かんが》えました。デリラという　うつくしい女《美》に　おかねをあげて、サムソンの力《ちから》のひみつを　きき出すように　たのんだのです。
デリラは　すぐに　サムソンと　なかよしになりました。サムソンは　すっかりデリラを　すきになって　しまいました。デリラは　あまえた声《こえ》で　いいました。
「あなたの力《ちから》は　すばらしいわ。その力《ちから》のひみつを　しりたいの。どうすれば　あなたを　しばることが　できるの。わたしにだけ　そっと　おしえてくれない。」

サムソンは　わらいながら　こたえ《答》ました。

「まだ　いちども　つかったことのない　ふと《太》いつなで　しばればいいのさ。」

そこで　デリラは、サムソンが　ねむっているあいだに、あたらしいつなで　りょう手を　しばりました。そうして　近《ちか》くにかくれていた　ペリシテ人に　知《し》らせました。

ペリシテの　へいたいが　ワッと　とりかこむと、サムソンは　ムックリと　おきあがりました。サムソンが　うでに力《ちから》を入れると、つなは　かみのひものように　ボロボロに　切《き》れてしまいました。ペリシテ人は　さんざんに　やっつけられて、いのちからがら　にげ出しました。

デリラは　おこったかお《顔》をして　サムソンに　いいました。

「あなたは　わたしを　だましたのね。ほんとうは　わたしが　きらいなのね。」

そういって　まい日　なきました。サムソンは　デリラがなくのを見《み》ると、かわい

そうで　たまりません。とうとう　たいせつな　力《ちから》のひみつを　うちあけてしまいました。

「わたしの　かみの毛《け》は　うまれてから　いちども　かったことがない。かみさまはイスラエルを　すくうために　このかみの毛《け》に　力《ちから》をさずけて　くださったのだ。もしも　かみの毛《け》を　切《き》ってしまったら、わたしは　ネコのように　おとなしくなってしまうのだよ。」

デリラは　さっそく　このことを　ペリシテ人に　知《し》らせました。そうして　サムソンが　ねむっているあいだに、かみの毛《け》を　かりとって　丸坊主《まるぼうず》にしてしまいました。

ペリシテ人が　やってくると、サムソンは　いさんで　外にとび出しました。でもどうしたことでしょう。いつもの力《ちから》が　ありません。アッというまに　つかまってしまいました。ペリシテ人は　サムソンを　しばってから、りょう目を　えぐり出しました。こうして　目の見《み》えなくなったサムソンは、ろうやに　つながれることに　なりました。

ろうやの中の　サムソンは、足かせを　はめられ、まい日まい日　大きな石うすを　ひくしごとを　させられました。

「かみさま、おゆるしください。わたしは　だいじな　やくそくを　やぶってしまいました。」

サムソンは　心《こころ》の中で　かみさまに　おわびをしました。

けれども、一月《ひとつき》、二月《ふたつき》と　たつうちに、サムソンの　かみの毛《け》は　すこしずつ　のびてきました。ペリシテ人は　だれ一人　そのことに　気《き》がつきませんでした。

やがて、ペリシテの　おまつりが　ありました。ペリシテ人は　大ぜい　おしろ《城》に　あつまってきました。おしろのたてものは　大きな二本の　石のはしらで　ささえてありました。ペリシテ人は　おさけをのんで、大さわぎを　はじめました。

おまつりの　さいちゅうに　一人の男が　立《た》ちあがって　いいました。

「あのサムソンを、みんなで　からかって　やろうじゃないか。」

サムソンは　ろうやから　出されました。目が見《み》えないので、りょう手を　まえに出して　歩《ある》きましたが、すぐに　よろけて　ころんでしまいました。

「ワハハハ。見《み》ろよ。あの　かっこうを。」

「あれが　ゆうめいなサムソンだとよ。」

ペリシテ人は、大よろこびで　わる口をいって　わらいました。

やりをもった　へいたいが　サムソンの手をとって　おこしてやりました。サムソンは　へいたいに　たのみました。

「おねがいです。どうぞ　わたしを　大きな二本の　はしらのところに　つれていってください。」

へいたいは　サムソンを　二本の　はしらのあいだに　立《た》たせました。サムソンはりょう手を　はしらにあてました。かみの毛《け》は　もとどおり　ふさふさと　のびていました。

「かみさま、どうか　もういちど　わたくしに　力《ちから》を　おあたえください。」

そういうと、力《ちから》いっぱい　はしらを　おしました。ミシ、ミシという音《おと》とともに、はしらは二つにおれて、たてものは　ものすごい　いきおいで　ペリシテ人の上におちてきました。おまつりに　きていた人たちは　一人のこらず　石の下じきになって　死《し》んでしまいました。

こうして　サムソンは　みごとに　かたきをうちましたが、じぶん《自分》も　いっしょに石の下じきになって　みじかい　いっしょうを　おわりました。

ダビデとゴリアテ

そののち、サウルという人が　イスラエルで　はじめての王さまに　えらばれました。

サウルは　ゆうかんな王さまでした。むすこのヨナタンと　いっしょに　イスラエルぐんをひきつれて、なんども　ペリシテ人とたたかいました。

あるとき時、ペリシテぐんの　じんちから、ゴリアテという大男が　出てきました。青いかぶとと　よろいをつけ、手に長《なが》いやりを　さげていました。ゴリアテは　イスラエルぐんのじんちを　にらみつけると、雷《かみなり》のような声《こえ》で　どなりました。

「さあ、ゆうきの　あるやつは　出てこい。おれと　一たい一の　しょう勝ぶ負だ。おれが　かったら、おまえたちイスラエルのまけ、そいつがかったら、ペリシテのまけ、ということにしてはどうだ。」

天までとどくような　ゴリアテの声《こえ》を　きいて、イスラエル人は　おそろしさにふるえあがりました。だれ一人　すすみ出るものは　いません。みんな　しりごみをするばかりです。

このとき、イスラエルぐんの中に　ダビデという少年《しょうねん》がいました。たてごとが　じょうずで、うた《歌》も　うまく、かわいらしい羊《ひつじ》かいでした。ダビデは　サウル王の前《まえ》に出てきて　いいました。

「わたくしが　あの大男と　たたかいます。」

サウル王は　びっくりして　とめようと　しましたが、ダビデは　たたかうといって　ききません。とうとう　ダビデを　行《い》かすことにしました。王さまは　かぶととよろいを　あたえようとしましたが、ダビデは　おも《重》いから　といって　ことわりました。

ダビデは　手に石なげの弓《ゆみ》をもつと、いさましく　ゴリアテに　むかっていきました。ゴリアテは、あいてが少年《しょうねん》なので、ばかにして　カラカラと、わらいました。

「オイオイ、犬《いぬ》でも　つかまえるつもりか。」

そういうと、やりをかまえて　ダビデにむかって　つっこんできました。

ダビデは　すかさず　弓《ゆみ》をかまえると、石をうちました。石は　ヒューと音《おと》を立《た》て

て、ゴリアテの　ひたいのまん中に　あたりました。大男は　たまらず　バッタリとたおれました。ダビデはかけよって、ゴリアテの上に　うまのりになると、あいての刀《かたな》で　くび《首》をはねました。

これを見《み》て　びっくりしたのは　ペリシテ人です。いちばんつよい《強》ゴリアテが、子どものような少年《しょうねん》に　あっさり　ころされて　しまったからです。みんな　いちもくさんに　にげはじめました。サウル王のぐんぜいは、いっせいに　うって出て、このたたかいは　イスラエルぐんの　だいしょうりに　なりました。

サウル王とダビデ

ダビデは　ゴリアテを　たおした　ごほうびに　一ぐんのたいちょうに　しゅっせしました。サウル王の　むすこのヨナタンは、つよくて　やさしいダビデを　すっかり気《き》に入《い》りました。ダビデも　ゆうかんなヨナタンが　すきでした。二人は　大《だい》のなかよしになりました。ヨナタンは　じぶんの刀《かたな》や弓《ゆみ》をダビデに　あげました。

王さまおもいのダビデは、たたかいのたびに、大きな手がらを立《た》てました。そのため、イスラエル人の人気《にんき》は、王さまよりも　ダビデに　あつまる《集》ように　なりました。

サウルは　千人《せんにん》を　うちころし
ダビデは　万人《まんにん》を　うちころす

という　うたまで　はやるようになりました。

これをき《聞》いた　サウル王は　うでをくんで　考《かんが》えこみました。こんなことでは、今《いま》に　ダビデが　じぶんのかわりに　王さまに　えらばれるかも　しれません。そうなっては　たいへんです。

ある日のこと、サウル王は　ダビデをよんで　いいました。

「ペリシテ人のかわを　百人ぶん　とってきてくれないか。そうすれば、むすめのミカルを　おまえのよめに　やることにしよう。」

いくら　ダビデでも、いちどに　百人はむりだ。きっと　ペリシテ人に　ころされてしまうだろう、と　サウル王は　思《おも》ったのです。

ダビデは　よろこんで　けらいをつれて　出かけました。そうして　ペリシテ人を二百人ころし、その　かわをかついでか《帰》えってきました。

王さまは　ダビデの　げんきなすがたを見て、がっかりしました。ダビデは　やくそくどおり、ミカルと　けっこんしきをあげ、しあわせなまい日を　おくりました。

あるばん、ダビデが　サウル王のまえで、とくいの　たてごとを　ひいていました。

すると　とつぜん、サウル王が　手にしたやりを　ダビデに　なげつけました。ダビデはとっさに　身《み》を　かわしました。やりは　音《おと》を立《た》てて　うしろのかべに　つきささりました。ダビデは　サウル王が　こわい目をして　じぶんを　にらんでいるのに気《き》がつきました。

うちへかえったダビデは　かなしくてたまりません。こんなに　王さまのためにはたらいているのに、王さまは　どうして　じぶんを　にくむのだろう。

そこへ、ヨナタンが　ハーハー　いきを　はずませて　かけこんできました。

「ダビデ、早くにげてくれ。父《ちち》が　きみを　ころそうとしているんだ。きみは　いまに　イスラエルの王になる　たいせつな人だ。どうかぶじで　いてくれたまえ。」

「ヨナタン、ありがとう。きみのことは　わすれないよ。」

王子ヨナタンのおかげで、ダビデは　あぶないところを　たすかりました。

サウル王のもとから　にげ出したダビデは、二、三人の　けらいといっしょに、ほうぼうの村や町を　たび《旅》して歩《ある》きました。サウル王は　へいたいをつれて、ダビデのあとを　おいかけて　まわりました。

　あるとき、サウル王は　ほら穴《あな》の中に入《はい》って　ひと休《やす》みしました。そのうちにグーグー　ねむってしまいました。ところが、その　ほら穴《あな》のおくに、ダビデたちが　かくれていたのです。けらいの一人が　ダビデをはげまして　いいました。
「さあ、今《いま》です。王のくびを　うちまし

ょう。」

しかし、ダビデは　くびを　よこにふりました。そうして、刀《かたな》をぬいて　王さまのマントのすそを　すこしだけ　切《き》りとりました。

やがて　サウル王は　目をさますと、ほら穴《あな》から　外《そと》に出ました。ダビデは　サウル王のあとを　おいかけていって、大きな声《こえ》で　いいました。

「王さま、ダビデでございます。」

サウル王は　びっくりして　うしろを　ふりむきました。ダビデが　ひざをついて　じっと　じぶんを見《み》ています。おもわず　こしの刀《かたな》に手をかけました。ダビデは、目に　いっぱいなみだをうかべ、右手でマントの　きれはしを　さし出していいました。

「王さま、ごらんください。これは　王さまが　ねむっているあいだに　切《き》りとったのです。わたくしには　王さまを　ころす気《き》もちは　ありません。それなのに、どうして　わたしを　おいかけるのですか。」

まごころこめた　ダビデのことばに、さすがの　サウル王も　じぶんの　あやまちをさとりました。

「ダビデよ、わたしが　わる《悪》かった。おまえを　ころそうとしたのに、おまえは　わたしを　たすけてくれた。おまえは　いまに、イスラエルの王と　なるだろう。」

そういうと、サウル王は　ダビデとわかれて、じぶんの町に　ひきあげていきました。

そののち、イスラエルぐんと　ペリシテ人は、大せんそうを　しました。サウル王も、王子《おうじ》ヨナタンも、いさましくたたかって　せん死《し》しました。その知《し》らせをうけたダビデは　たいへん　かなしんで、二人のために　りっぱなおそうしきを　おこないました。

ダビデ王と　王子アブサロム

サウル王が死《し》んだあと、ダビデは　イスラエルの　あたらしい王さまに　えらばれました。ダビデ王は　エルサレムの町を　せめおとし、〈けいやくのはこ〉を　まつって、ここを都《みやこ》とさだめました。これは　イスラエルで　はじめての都《みやこ》です。ダビデ王は　エルサレムにす《住》んで、全《ぜん》イスラエルを　りっぱに　おさめました。ダビデ王は　正しい人で、えこひいきを　しませんでしたから、みんなは　心《こころ》から　王さまを　そんけいしました。

また、ダビデ王は　せんそうが　じょうずでしたので、ペリシテをはじめ　まわりの国《くに》とたたかって、いつも　しょうりをおさめました。今《いま》までに、イスラエルで　いちばんつよ《強》かった王さまは、このダビデ王なのです。

ダビデ王には　たくさんの子どもが　ありました。いちばん上の王子《おうじ》は　アムノンといって　いじわるな人でした。三ばんめは　アブサロムという　りこうなうつくし《美》い王子で、長《なが》い　きれいな　かみの毛《け》を　もっていました。たいへん　うつくしいかみの毛なので、みんなが　それを　ほめました。
あるとき、アムノンが、アブサロムの　かわいがっていた　いもうと《妹》をいじめて、ひどいめに　あわせました。おこったアブサロムは、アムノンと　けんかして、とうとう　ころしてしまいました。

このことが　あってから、おとうさんのダビデ王と　アブサロムのなかが、だんだんわるくなりました。アブサロムは　まい日がいやでたまりません。おとうさんは口も　きいてくれないのですから。そこで、おもいきって　エルサレムをはなれ、ヘブロンにひっこして　しまいました。
けれども　人気《にんき》もののアブサロムを　みんなが　ほうっておく　わけがありません。

ヘブロンの町には、ほうぼうから　たくさんのわかものが　あつまり、アッというまに　つよいぐんぜいが　できあがりました。

　アブサロムは、おとうさんをたおして、じぶんが　イスラエルの　王になろうとけっ《決》しん《心》しました。ヘブロンに　あつまった　ぐんぜいをひきつれて、エルサレムにせめのぼりました。

　ダビデ王は　しかたなく　都《みやこ》をすてて、いそいで　ヨルダン川の　むこうがわまでにげました。そこへ、ダビデ王のけらいたちが　ぞくぞくと　あつ《集》まってきました。

　ダビデ王は　ぐんたいを　たてなおすと、エフライムの森へ出て、アブサロムのぐんぜいと　たたかいました。ダビデ王には、しょうぐんヨアブをはじめ、つよい　ゆうしが　たくさん　ついていましたから、たたかいはダビデぐんの　しょうりに　おわりました。

　まけ《負》た　アブサロムは　馬《うま》にまたがって一人で　にげ出しました。ところが、とち

ゆうで　大きな　かしの木のえだに、ごじまんの　長《なが》いかみの毛《け》を　ひっかけてしまいました。馬《うま》は　そのまま　走《はし》っていきましたので、アブサロムは　かみの毛《け》だけで空中《くうちゅう》に　ぶらさがり、足をバタバタさせていました。

あとを　おいかけてきたのは、ダビデ王のしょうぐん　ヨアブでした。ヨアブは　やりを手にとると、木にぶらさがったアブサロムの　むねを　つきとおしました。

ダビデ王は、アブサロムの死《し》んだこと

を聞《き》くと、

「ああ、アブサロムよ。かわいそうに。わたしがかわりに　死《し》ねば　よかったのに。」

と、なげき　かなしみながら、エルサレムに　もどりました。

やがて、年《とし》をとったダビデ王は、十ばんめの子どものソロモンに　王のくらいをゆずり、やすらかに　いきを　ひきとりました。ダビデ王のおはかは、今《いま》でも　エルサレムにあります。

ソロモン王のちえ

ソロモン王は　たいへんに　かしこい王さまでした。いくさよりも、しょうばいで国《くに》を　ゆたかにしようと　考《かんが》えました。大きな舟《ふね》に　しなものをつみこんで、とおくの　みなとへ　むかわせました。やがて、舟《ふね》は、ざい木《もく》、ほう石《せき》、金、ぎん、ぞうげなどを　いっぱいもって　かえってきました。

ソロモン王は　あたらしく　きゅう《宮》でん《殿》をつくり、また　すばらしく大きい　しん《神》でん《殿》を　たてました。しんでんというのは　かみさまの　おうちのことで、〈けいやくのはこ〉が　おかれ、みんなが　そこで　おいのりをする　とうといばしょ《場所》です。これは、『ソロモンのしんでん』とよばれ、ゆうめいな　たてものに　なりました。

こうして　イスラエルの国《くに》は、がいこく《外国》にも　しられるほど　りっぱに　なったのです。

あるとき《時》、二人の女が、げんきのいい　あかちゃんと　死《し》んでしまった　あかちゃんをだいて、ソロモン王のところに　やってきました。

さいしょの女が　こう　うったえました。

「王さま、わたくしたちは　おなじへやで　いっしょに　くらしています。ゆうべこの女が、ねているあいだに　うっかり　じぶんの子どもを　つぶしてしまったのです。それなのに、この女は、死《し》んだのは　わたしの子で、生《い》きているのが　じぶんの

子だと　いいはるのです。」

すると、もう一人の女が　さけびました。

「王さま、うそを　ついているのは　この女のほうです。だまされないで　ください。」

ソロモン王は　じっと　二人のかお《顔》を見《み》ていましたが、なにを　思《おも》ったのか、

「刀《かたな》を　もってこい。」

と、けらいに　めいれいしました。

けらいは　すぐに　刀《かたな》を　とってくると、さやを　はらいました。刀《かたな》は　けらいの右手に　ギラリと　ひかりました。ソロモン王はけらいに　むかって　いいました。

「生《い》きている子を　まん中から　二つに切《き》って、半分《はんぶん》ずつ　わけてやるのだ。」

すると、さいしょの女が　さけびました。

「おねがいです。どうか、やめてください。生《い》きたまま　あの女に　やってください。わたくしは　あきらめます。」

もう一人の女は　へいきで　いいました。

「どうぞ、半分《はんぶん》に　切《き》ってください。」

王さまは　ニッコリわらって　いいました。

「ほんとうの　おかあさんなら、子どもを　ころしていいと　いうはずがない。この子を　さいしょの女に　わたしてやれ。」

かしこい王さまのおかげで、この子は　ぶじに　ほんとうの　おかあさんの手にもどされました。この話《はなし》は　すぐ　国《くに》じゅうに　ひろ《広》まりました。みんな　王さまのちえのふかさに　かんしん《感心》しました。

こうして　ソロモン王は、イスラエル人はもちろんのこと、外国《がいこく》の王さまたちからも　そんけいされて、長《なが》いこと　国《くに》をおさめました。

けれども、ソロモン王が　死《し》んだあとは、なかまどうしで　けんかがはじまり、と

うとう　イスラエルの国《くに》は　南《みなみ》と北《きた》の二つに　わかれてしまいました。南《みなみ》のほうを
ユダ王国《おうこく》、北《きた》のほうを　イスラエル王国《おうこく》と　いいます。このため、ユダ王国《おうこく》の人たち
は、ユダヤ人とよばれるように　なりました。りょうほうとも　べつべつに　王さま
を立《た》てました。そのため　二人の王さまが　半分《はんぶん》ずつ　国《くに》をおさめることになり、国《くに》
の力《ちから》は　だんだんに　よわ《弱》くなっていきました。

エステルのゆうき

ソロモン王が死《し》んでから　二百年たって、北《きた》イスラエル王国《おうこく》は、アッシリアという
つよい国《くに》に　ほろぼされて　しまいました。アッシリアぐんは　北《きた》イスラエル王国《おうこく》に
すんでいたイスラエル人を　ぜんぶ　どれいにして、アッシリアへ　つれていって
しまいました。

アッシリアは　それから百年で　ほろびましたが、あたらしく　バビロニアという

国《くに》がおこり、こんどは　南《みなみ》ユダ王国《おうこく》に　せめこみました。バビロニアぐんは　エルサレムの都《みやこ》をとりかこんで、いっきに　せめおとしました。ユダの王さまは　目を　えくりとられて、ほかの　生《い》きのこったユダヤ人たちといっしょに　バビロニアに　つれていかれました。

こうして、ダビデとソロモンがつくった王国《おうこく》は、かんぜんに　おわったのでした。

それから　長《なが》いこと　ユダヤ人は、外国《がいこく》で　どれいの生活《せいかつ》を　しなければ　なりませんでした。バビロニアの　つぎのしはいしゃは　ペルシャ王国《おうこく》でした。ペルシャの王さまは　ユダヤ人に　しんせつで、カナンへ　かえることを　ゆるしてくれました。けれども　カナンに　かえらないで、そのまま　ペルシャに　のこったユダヤ人も　たくさんありました。こんどは　そういう　ユダヤ人たちの　お話《はなし》です。

あるばんのこと、ペルシャの都《みやこ》、スサのしろ《城》に、ソッと しのびこんだ 黒《くろ》い人かげが ありました。そのかげは 足音《あしおと》を しのばせて、まっすぐに『エステルのやかた』へ むかって行《い》きます。

エステルのやかたは、ペルシャ王アハシュエロスが、お気《き》に入《い》りの王妃《おうひ》エステルのためにつくらせた それは りっぱなごてんでした。

そのとき、はしらのかげから、

「くせもの！」

と、うしろから くみついた男がありました。エステルの けらいのハタクでした。力《ちから》もちのハタクは、たちまち くせものの うでをグイと ねじあげると、かおをのぞきこみました。

「なあんだ。モルデカイじいさんじゃないか。それにしても、どうして ここへしのびこんだりしたのだ。」

モルデカイというのは、いつも おしろの門《もん》のところに すわっている 年《とし》とったユダヤ人なのでした。そこへ　うつくしいエステル王妃《おうひ》が　やってきました。

「ハタク、その老人《ろうじん》を　はなしてやりなさい。それから　なにか　この老人《ろうじん》に　のみものを　もってきておくれ。」

ハタクは　ふしぎに思《おも》いました。でも、だいじな王妃《おうひ》さまの　ことばです。いそいで、やかたの　おくに　走《はし》っていきました。ハタクが　いなくなると、エステルはモルデカイに　かけよって　いいました。

「おとうさま！」

「シッ！　声《こえ》が高《たか》い。今《いま》では　おまえは　大《だい》ペルシャ王国《おうこく》の王妃《おうひ》さまだ。わたしのむすめであることは、だれにも　ひみつなのだよ。」

「でも、おとうさまが　かわいそうで……」

「わたしのことは　しんぱいするな。おまえが　王さまに　たいせつに　されているだけで　いいのだ。それより、今日《きょう》は　だいじな知《し》らせを　もってきたよ。」

モルデカイは、王さまを　ころそうとしている　むほん人の名《な》まえを　エステルにおしえました。そのとき　足音《あしおと》がきこえたので、二人は　パッと　はなれました。

「さあ、これで　おわかれだ。おとうさんは　かげで　おまえのしあわせを　いのっている。おまえは　じぶんが　ユダヤのむすめであることを　わすれるな。いつも正しい　ユダヤ人の心《こころ》を　もっていてくれ。」

「ハイ、おとうさま。」

ハタクが　赤いのみもののはいったコップをもって　やってきました。

「ハタク、老人《ろうじん》が　かわいそうだから、今夜《こんや》のことは　ないしょにして　おやり。」

「ハッ。」

エステルは　なごりおしそうに　やかたのおくに　さっていきました。

モルデカイが　知《し》らせてくれたおかげで、王さまは　あぶないところを　たすかりました。ところが、モルデカイには　なにも　ごほうびが　ありません。エステルはそれをかなしく　思《おも》いました。

でも　それどころでは　ありません。おそろしい　うんめいが　ユダヤ人の上に　ふりかかろうと　していたのです。それは　こういうわけでした。

ペルシャ王国《おうこく》の　そうりだいじんは　ハマンという　わるい心《こころ》の人でした。ハマンは　よわい人たちを　いじめるのが　すきでした。人びとは　道《みち》でハマンにであうと、じめんに　ひざまずいて　おがみました。イヤですが　しかたがありません。そうしないと　ころされてしまうからです。

ある日、ハマンが　おしろの門《もん》の前を　とおりました。モルデカイは　いつものように　門《もん》のところに　すわっていましたが、ハマンを　おがもうとしません。ハマンは　はらをたてて、すぐ国《くに》じゅうに　おふれを出しました。

『十二月十三日に　ユダヤ人を　みなごろしにする。』

さあ、たいへんです。ユダヤ人たちは　みんな外《そと》に出て、さわぎだしました。でも　どうすることもできません。おそろしさで　オロオロするばかりです。なかでも　モルデカイは、かなしみのため　きものを　やぶいたので、こじきのような　すがたになりました。そうして　あたまから灰《はい》をかぶり、大声《おおごえ》を　あげながら　町の中を走《はし》りまわりました。

「かわいそうに。じいさんは　とうとう　おかしくなったぞ。」

「それにしても、ハマンのやつは　ひどい男だな。」

「いくら　ユダヤ人が　きらいだといっても、これでは　あんまりだ。」

町の人たちは　そう　ささやきあいました。

門《もん》のまえの　ひろば《広場》には、高《たか》いやぐらが　立《た》てられました。それは　とくべつにモデルカイを　つるすために、ハマンが　けらいにめいじて　立《た》てさせたものでした。

この　うわさは　すぐに　エステルのやかたにも　つたわりました。なんにもしらないエステルは　おとうさんのことがしんぱい《心配》で　たまりません。いそいで　あたらしい　きものを　よういすると、ハタクに　もっていかせました。

門《もん》のところで、ハタクは　灰《はい》を　かぶっている　モルデカイを　見《み》つけました。

「エステルさまが　これを　おまえに　やれという　おおせだ。ありがたく　ちょうだいしろ。」

「ありがたいことですが、それどころでは　ないのです。」

「なんだと。」

「たくさんの人たちの　いのちが　かかっているのです。どうか　エステルさまに　この手紙《てがみ》を　おわたしください。これを　ごらんになれば　おわかりになります。」

「よし、ひきうけた。」

モルデカイの　てがみを　よんでいくうちに、エステルの手は　ブルブルふるえ出しました。それには　こう　書《か》いてあったのです。
『ハマンは　ユダヤ人を　みなごろしに　しようとしている。これを止《と》められるのは　おまえだけだ。どうか　王さまに　おねがいして、なかまを　すくってほしい。』
エステルは　ふかい　ためいきを　もらしました。それも　そのはずです。ペルシャでは、王さまの　おめしがないかぎり、だれも　王宮《おうきゅう》に　入《はい》っては　いけないのです。もし　入《はい》れば　その人は死《し》けいになる、そういう　きまりが　あったからです。ただ、そのとき　王さまが、手にもっている　つえを　その人のほうに　さし出せば　ゆるされることに　なっていました。でも　これまでに、ゆるされた人は　一人もいないのです。おまけに　この三十日かん、エステルには　ぜんぜん　おめしがないのです。

「あーあ、どうすれば　よいのかしら。」

エステルの　小さなむねは、おそろしさでドキドキしました。だまっていれば、じぶんは　あんぜん《安全》だ。そのかわり、おとうさまとユダヤ人は　ころされてしまう。王《おう》宮《きゅう》に入《はい》れば、こんどは　じぶんがころされる。かわいそうに、エステルは　りょう手を　あたまにあてて　しゃがみこんで　しまいました。

そのとき、エステルの耳《みみ》に　あのばんの　モルデカイの声《こえ》が　きこえてきました。

『おまえは　ユダヤのむすめであることを　わすれるな。』

エステルは　ハッとしました。そうだ。わたしは　ユダヤのむすめだった。いつも正しい心《こころ》で　生《い》きているはずだ。ユダヤ人が　くるしんでいるのに、じぶんのことだけ　考《かんが》えては　いけない。みんなを　たすけなければ——

エステルは　心《こころ》をきめて　立《た》ちあがりました。

「わたしは　これから　王さまに　お目どおりをする。早《はや》く　したくを。」

けらいたちは　びっくりしました。

「エステルさま、おやめください。そんなことを　なさっては　ころされてしまいます。」

みんな　ひっしで　ひきとめようとしましたが、エステルの心《こころ》は　かわりません。おつきの女たちに　きがえを　手つだわせました。りっぱな　王妃《おうひ》のふくをつけたエステルは、目を見《み》はるほど　う《美》つくしく　かがやいて見《み》えました。

赤い夕日《ゆうひ》が　王宮《おうきゅう》を　つつんでいました。王さまは　いすにすわって　じっと　考《かんが》

えごとを　していました。そのとき、だれかが　入口《いりぐち》から　入《はい》ってくるのが　見《み》えました。白いきものをきた　女のすがたでした。

「おのれ、けしからんやつ。わしが　よびもしないのに。いのちが　ないことをしらないのか。」

　王さまは　大きな目を見《み》ひらいて　グッとにらみつけました。そばにならんだだいじんたちは、おそろしさで　みうごきも　できません。なんと　その女はエステル王妃《おうひ》では　ありませんか。

　エステルは、やさしい　ほほえみを

うかべ、しっかりとした足どりで　近《ちか》づいてきます。その　かおは　白い花のように
うつくしく　かがやいていました。いのるような　口もとと、まごころのこもった目
が　王さまを　とらえました。王さまは　おもわず　手にしたつえを　エステルに
むかって　さし出していました。やさしいエステルの心《こころ》が　王さまを　うごかしたの
です。ホッとしたざわめきが　だいじんたちのあいだを　ながれました。エステルは
近《ちか》よって　王さまのつえを　しっかりと手でにぎりしめました。その目は　かんしゃ
の　なみだでいっぱいです。王さまは　やさしく　エステルに　ことばをかけました。

「エステル、おそれることはない。おまえはわしの　だいじな宝《たから》だ。おまえだけは
とくべつだ。さあ、おまえのねがいを　いいなさい。この国《くに》の　半分《はんぶん》が　ほしいとい
うなら、おまえにやろう。」

王さまは　ひさしぶりに　エステルを見《み》てごきげんです。

「王さま、わたくしは　ごちそうの　よういを　いたしました。今夜《こんや》、そうりだいじ
んのハマンと　ごいっしょに　おいでください。そのとき、おねがいを　もうしあげ

ます。」

「おお、そうか。それはいい。ひさしぶりにおまえと　ゆっくり　のみたいものだ。」

王妃《おうひ》さまの　とくべつの　おまねきときいたハマンは、大よろこびで　ニコニコしながら　おしろに　やってきました。たてごとの　うつくしいしらべ、山のようなごちそう、えんかいは　にぎやかに　はじまりました。

「さあ、ハマンも　まいったぞ。そろそろ　おまえの　ねがいをきこう。」

王さまは　ますます　きげんよく、エステルに　たずねました。エステルは　立《た》ちあがると、王さまの足もとに　ひざまずいて　いいました。

「王さま、わたくしの　いのちを　ねらっているものが　ここにいるのです。」

「だれだ、その　ふとどきものは？」

「ハイ、ここにいる　ハマンでございます。」

ハマンは　青くなって　エステルに　いいました。

「王妃《おうひ》さま、わたくしが　なんで　そのようなことを　いたしましょう。なにかのまちがいでございます。」
「おだまり、ハマン。おまえは　ユダヤ人を　みなごろしに　しようとしている。わたしはユダヤのむすめ。わたしを　ころそうとするのとおなじです。」
はじめて　ハマンの　わるだくみを知《し》った王さまは、まっかになって　おこりました。
「おのれ、わしの王妃《おうひ》を　ころそうとする　にっくきやつ。すぐにハマンを死《し》けいにせよ。」
こうして　ハマンは、王さまの　めいれいで、じぶんが　立《た》てさせた　高《たか》いやぐらにかけられて　しまいました。エステルの　おかげで、ユダヤ人は　みなごろしになるところを　たすかったのでした。
そのご　ユダヤ人は、じぶんたちの国《くに》を　たてなおそうと、いっしょうけんめいたたかいましたが、いつも　しっぱい《失敗》でした。ダビデや　ソロモンの　じだい《時代》のような　つよい国《くに》に　もどすことは　できませんでした。

ペルシャのあとも、ギリシャ、シリヤ、ローマなど、あとから　あとから　つよい国《くに》が　やってきて　カナンを　しはいしたからです。ユダヤ人は　いつも　それらの国《くに》の下で、いじめられて　くらさなければ　なりませんでした。

そうするうちに、人びとは『すくいぬし』を　まちのぞむように　なりました。いつか、かならず　すくいぬしが　おいでになり、てきを　ほろぼして、わたしたちをこの　くるしみから　すくってくださる——そう　しんじるように　なったのです。

早《はや》く、すくいぬしが　お生《う》まれに　ならないか。みんな　天《てん》をあおいで、かみさま《神様》にいのるように　なりました。こうして、お話《はなし》は〈しんやくじだい《新約時代》〉——イエスさまのじだいへと　つづくのです。

——おわり——

□ 著者

前島　誠（まえじま・まこと）

元玉川大学文学部教授。上智大学文学部哲学科卒業。同大学院神学研究科修了。著書に『うしろ姿のイエス』『ワンポイント聖書』などがある。

玉川学園こどもの本
旧約聖書ものがたり　　編集　株式会社 童夢

2003年9月10日　第1刷
2004年10月20日　第2刷

著　者　前　島　　誠
発行者　小　原　芳　明
発行所　玉川大学出版部
〒194-8610　東京都町田市玉川学園6-1-1
TEL 042-739-8935　　FAX 042-739-8940
http://www.tamagawa.jp/introduction/press/
振替　00180-7-26665

NDC 193　　印刷所　株式会社ケイ エム エス

ISBN4－472－90501－9　C8016